Novena

SAGRADO CORAÇÃO DE JESUS

Pe. Antônio Lúcio, ssp (Org.)

SAGRADO CORAÇÃO DE JESUS

Novena • Apostolado da Oração
• Entronização • Consagração

PAULUS

Deus nos fala
Bíblia Sagrada, Edição Pastoral, PAULUS, São Paulo.

Pensamentos
Imitação de Cristo, PAULUS, São Paulo.

Editoração, impressão e acabamento
PAULUS

Seja um leitor preferencial **PAULUS**.
Cadastre-se e receba informações
sobre nossos lançamentos e nossas promoções:
paulus.com.br/cadastro
Televendas: **(11) 3789-4000 / 0800 016 40 11**

1ª edição, 1995
20ª reimpressão, 2023

© PAULUS – 1995

Rua Francisco Cruz, 229 • 04117-091 São Paulo (Brasil)
Tel. (11) 5087-3700
paulus.com.br • editorial@paulus.com.br

ISBN 978-85-349-0342-4

INTRODUÇÃO

O Coração de Jesus experimentou verdadeiramente sentimentos de alegria e admiração diante do esplendor da natureza, da candura das crianças, do olhar de um jovem puro; sentimentos de misericórdia para com todos os "pobres": pecadores, doentes, viúvas em pranto, multidão errante e faminta; sentimentos de amizade para com os apóstolos e discípulos, Lázaro e suas irmãs; sentimentos de piedade por Jerusalém, que o rejeita, e por Judas, que o trai; sentimentos de indignação contra os vendedores do templo e contra seus inimigos, que, querendo perdê-lo, arruínam-se a si mesmos e ao povo; sentimentos de terror durante a agonia, diante do mistério da morte ou do mal que parece triunfar.

(*Missal Dominical*,
PAULUS, São Paulo)

NOVENA AO SAGRADO CORAÇÃO DE JESUS

PRIMEIRO DIA

1. EM NOME DO PAI, DO FILHO E DO ESPÍRITO SANTO. AMÉM.

2. DEUS NOS FALA

"O coração conhece sua própria amargura, e o estranho não participa da sua alegria" (Pr 14,10).

3. LADAINHA DO SAGRADO CORAÇÃO DE JESUS

Senhor, *tende piedade de nós.*
Jesus Cristo, *tende piedade de nós.*
Senhor, *tende piedade de nós.*

Jesus Cristo, *ouvi-nos.*
Jesus Cristo, *atendei-nos.*
Deus Pai Celeste, *tende piedade de nós.*
Deus Filho Redentor do mundo, *tende piedade de nós.*
Deus Espírito Santo, *tende piedade de nós.*
Santíssima Trindade, que sois um só Deus, *tende piedade de nós.*
Coração de Jesus, Filho do Pai eterno, *tende piedade de nós.*
Coração de Jesus, formado pelo Espírito Santo no seio da Virgem Maria, *tende piedade de nós.*
Coração de Jesus, unido substancialmente ao Verbo de Deus, *tende piedade de nós.*
Coração de Jesus, de majestade infinita, *tende piedade de nós.*

Coração de Jesus, templo santo de Deus, *tende piedade de nós.*
Coração de Jesus, tabernáculo do Altíssimo, *tende piedade de nós.*
Coração de Jesus, casa de Deus e porta do céu, *tende piedade de nós.*
Coração de Jesus, fornalha ardente de caridade, *tende piedade de nós.*
Coração de Jesus, santuário de justiça e amor, *tende piedade de nós.*
Coração de Jesus, cheio de bondade e amor, *tende piedade de nós.*
Coração de Jesus, fonte de todas as virtudes, *tende piedade de nós.*
Coração de Jesus, digníssimo de todo louvor, *tende piedade de nós.*
Coração de Jesus, rei e centro de todos os corações, *tende piedade de nós.*

Coração de Jesus, onde se encerram todos os tesouros da sabedoria e da ciência, *tende piedade de nós.*

Coração de Jesus, onde habita plenamente a divindade, *tende piedade de nós.*

Coração de Jesus, em vós o Pai colocou toda a sua alegria, *tende piedade de nós.*

Coração de Jesus, da vossa plenitude todos nós recebemos, *tende piedade de nós.*

Coração de Jesus, desejado de todas as nações, *tende piedade de nós.*

Coração de Jesus, paciente e misericordioso, *tende piedade de nós.*

Coração de Jesus, riquíssimo para todos os que o invocam, *tende piedade de nós.*
Coração de Jesus, fonte de vida e santidade, *tende piedade de nós.*
Coração de Jesus, propiciação pelos nossos pecados, *tende piedade de nós.*
Coração de Jesus, saturado de ofensas, *tende piedade de nós.*
Coração de Jesus, atribulado por causa de nossos crimes, *tende piedade de nós.*
Coração de Jesus, obediente até a morte, *tende piedade de nós.*
Coração de Jesus, transpassado pela lança, *tende piedade de nós.*
Coração de Jesus, fonte de toda consolação, *tende piedade de nós.*

Coração de Jesus, nossa vida e ressurreição, *tende piedade de nós.*
Coração de Jesus, nossa paz e reconciliação, *tende piedade de nós.*
Coração de Jesus, vítima dos pecadores, *tende piedade de nós.*
Coração de Jesus, salvação dos que esperam em vós, *tende piedade de nós.*
Coração de Jesus, esperança dos que partem desta vida, *tende piedade de nós.*
Coração de Jesus, felicidade de todos os santos, *tende piedade de nós.*
Cordeiro de Deus, que tirais os pecados do mundo, *perdoai-nos, Senhor.*
Cordeiro de Deus, que tirais os pecados do mundo, *ouvi-nos, Senhor.*
Cordeiro de Deus, que tirais os pecados do mundo, *tende piedade de nós.*

Jesus, manso e humilde de coração, *fazei o nosso coração semelhante ao vosso.*

Oremos: Deus onipotente e eterno, olhai o Coração do vosso Filho muito amado, e para os louvores e satisfações que ele vos oferece em nome dos pecadores. E aos que imploram a vossa misericórdia, concedei benigno o perdão, em nome do mesmo vosso Filho Jesus Cristo, que convosco vive e reina, um só Deus com o Espírito Santo. Amém.

4. Pensamento

Quando te entregares a Deus de todo o coração, sem nisso ou naquilo procurares o teu gosto e desejo, colocando-te sem reserva nas suas mãos, achar-te-ás unido a ele e sossegado; porque nada haverá em ti mais delicioso e aprazível que o beneplácito da divina vontade.

5. Oração

Concedei, ó Deus todo-poderoso,
que, alegrando-nos
pela solenidade
do Coração do vosso Filho,
meditemos as maravilhas
de seu amor e possamos receber,
desta fonte de vida,
uma torrente de graças.
Por nosso Senhor Jesus Cristo,
vosso Filho,
na unidade do Espírito Santo.
Amém.

SEGUNDO DIA

1. Em nome do Pai, do Filho e do Espírito Santo. Amém.

2. Deus nos fala

"No coração prudente mora a sabedoria, e ela se manifesta até no meio dos insensatos" (Pr 14,33).

3. Ladainha do Sagrado Coração de Jesus (cf. p. 9).

4. Pensamento

Quando a minha alma estiver perfeitamente unida a Deus, exultarão de júbilo todas as minhas entranhas, e dir-me-á ele: Se queres ficar comigo, também eu quero ficar contigo. E responderei eu: Dignai-vos, Senhor, permanecer comigo, pois ardentemente desejo ficar convosco; outro desejo não tenho, que unir meu coração ao vosso.

5. Oração (cf. p. 16).

TERCEIRO DIA

1. Em nome do Pai, do Filho e do Espírito Santo. Amém.

2. Deus nos fala

"Coração tranquilo é vida para o corpo, mas a inveja é cárie nos ossos" (Pr 14,30).

3. Ladainha do Sagrado Coração de Jesus (cf. p. 9).

4. Pensamento

Nada mais agradável posso oferecer a Deus, que lhe dar todo o meu coração para me unir, intimamente, a ele.

5. ORAÇÃO (cf. p. 16).

QUARTO DIA

1. Em nome do Pai, do Filho e do Espírito Santo. Amém.

2. Deus nos fala

"Coração contente alegra o rosto, mas coração aflito deprime o espírito" (Pr 15,13).

3. Ladainha do Sagrado Coração de Jesus (cf. p. 9).

4. Pensamento

Se queres que eu (Cristo) me aproxime de ti e permaneça contigo, lança fora o velho fermento e limpa a morada do teu coração.

5. Oração (cf. p. 16).

QUINTO DIA

1. Em nome do Pai, do Filho e do Espírito Santo. Amém.

2. Deus nos fala

"O coração alegre está sempre em festa" (Pr 15,15).

3. Ladainha do Sagrado Coração de Jesus (cf. p. 9).

4. Pensamento

Senhor, tirai dos nossos corações toda a suspeita, impaciência, cólera, todo o espírito de discórdia e tudo o que possa lesar a caridade e diminuir o amor fraterno.

5. Oração (cf. p. 16).

SEXTO DIA

1. Em nome do Pai, do Filho e do Espírito Santo. Amém.

2. Deus nos fala

"Olhar sereno alegra o coração, e boa notícia renova as forças" (Pr 15,30).

3. Ladainha do Sagrado Coração de Jesus (cf. p. 9).

4. Pensamento

O que em vós confia, Senhor, e com simplicidade de coração vos busca, não resvala tão facilmente. E se cair em alguma aflição, qualquer que seja, vós o livrareis do seu embaraço, porque jamais abandonareis aquele que, até o fim, esperar em vós.

5. Oração (cf. p. 16).

SÉTIMO DIA

1. Em nome do Pai, do Filho e do Espírito Santo. Amém.

2. Deus nos fala

"O coração perverso não encontrará a felicidade, e a língua tortuosa cairá na desgraça" (Pr 17,20).

3. Ladainha do Sagrado Coração de Jesus (cf. p. 9).

4. Pensamento

Quem a si mesmo atribui algum bem impede que a graça de Deus desça sobre ele; porque a graça do Espírito Santo procura sempre o coração humilde.

5. ORAÇÃO (cf. p. 16).

OITAVO DIA

1. Em nome do Pai, do Filho e do Espírito Santo. Amém.

2. Deus nos fala

"Coração alegre ajuda a sarar, mas espírito abatido seca os ossos" (Pr 17,22).

3. Ladainha do Sagrado Coração de Jesus (cf. p. 9).

4. Pensamento

Iluminai-me, ó bom Jesus, com a claridade da luz interior e afastai da morada do meu coração toda a sorte de trevas.

5. ORAÇÃO (cf. p. 16).

NONO DIA

1. Em nome do Pai, do Filho e do Espírito Santo. Amém.

2. Deus nos fala

"Antes da ruína, o coração se exalta, mas antes da honra vem a humildade" (Pr 18,12).

3. Ladainha do Sagrado Coração de Jesus (cf. p. 9).

4. Pensamento

Alegra-te no Senhor e ele dar-te-á o que pedir teu coração.

5. Oração (cf. p. 16).

APOSTOLADO DA ORAÇÃO

ADMISSÃO DOS ASSOCIADOS

Bênção das medalhas

D. A nossa proteção está no nome do Senhor.
R. Que fez o céu e a terra.
D. O Senhor esteja conosco.
R. Ele está no meio de nós.

Oremos

Deus eterno e todo-poderoso, não reprovais a escultura ou pintura de imagens dos santos, para que à sua vista possamos meditar os seus exemplos e imitar as suas virtudes. Nós vos pedimos que abençoeis e santifiqueis estas medalhas, feitas para recordar e honrar o Sacratíssimo Coração de vosso Filho Unigênito. Concedei aos que delas se revestirem possam alcançar no presente a vossa graça e, no futuro, a glória eterna. Pelo mesmo Cristo, nosso Senhor. Amém.

O diretor asperge com água benta as medalhas e entrega a cada um a sua, dizendo:

"Recebei esta insígnia e trazei-a sobre o coração, para que vos lembreis continuamente do amor com que o Coração do vosso Deus vos obsequiou, e da dedicação a que vos obrigastes".

CONSAGRAÇÃO AO SAGRADO CORAÇÃO DE JESUS

Ó Coração infinitamente generoso de Jesus, meu Salvador, vós, não contente com derramar o vosso sangue na cruz, vos dais inteiramente a nós na sagrada eucaristia, na qual vos ofereceis continuamente ao eterno Pai para a conversão dos pecadores, para a santificação dos justos e para o bem da santa Igreja!

Desejando eu corresponder aos desígnios de vosso Coração cheio de amor, venho hoje consagrar-me inteiramente a vós, alistando-me no Apostolado da Oração. Desejo viver intimamente da vossa vida, unindo minhas orações, trabalhos, sofrimentos e alegrias à vossa oblação eucarística, para dilatar o vosso reino no coração dos homens e na vida pública das nações.

Dignai-vos, pois, aceitar este oferecimento que vos faço por meio do Coração Imaculado de Maria, vossa Mãe, e concedei-me, por sua intercessão, a graça de ser fiel até o último dia de minha vida. Assim seja.

ENTRONIZAÇÃO DO SAGRADO CORAÇÃO DE JESUS NAS FAMÍLIAS

A bênção das imagens ou quadros pode ser feita antes pelo sacerdote. É conveniente que ele esteja presente, se possível, na entronização.

BÊNÇÃO

Deus eterno e todo-poderoso, vós não reprovais a escultura ou pintura de imagens dos santos. Elas lembram os exemplos de virtude que merecem ser imitados. Nós vos pedimos: abençoai e santificai esta imagem, para recordar e honrar o Sagrado Coração de Jesus. E todos os que a venerarem, alcancem no presente a vossa graça e, na eternidade, a vossa glória. Por Jesus Cristo nosso Senhor, que convosco vive e reina, um só Deus na unidade do Espírito Santo. Amém.

Ato de consagração

Dulcíssimo Jesus, redentor do gênero humano, volvei vosso olhar sobre nós, que humildemente estamos prostrados diante do vosso altar.

Nós somos e queremos ser vossos; e a fim de podermos viver mais intimamente unidos a vós, cada um de nós se consagra espontaneamente ao vosso sacratíssimo Coração.

Muitos há que nunca vos conheceram; muitos, desprezando os vossos mandamentos, vos renegaram.

Benigníssimo Jesus, tende piedade de uns e de outros e trazei-os todos ao vosso Sagrado Coração.

Senhor, sede rei não somente dos fiéis que nunca de vós se afastaram, mas também dos filhos pródigos que vos abandonaram.

Fazei que estes retornem quanto antes à casa paterna, para não perecerem de miséria e de fome.

Sede rei dos que vivem iludidos no erro ou separados de vós pela discórdia; trazei-os ao porto da verdade e à unidade da fé, a fim de que em breve haja um só rebanho e um só Pastor.

Senhor, conservai incólume a vossa Igreja, e dai-lhe uma liberdade segura e sem peias; concedei ordem e paz a todos os povos; fazei que de um pólo a outro do mundo ressoe uma só voz: Louvado seja o Coração divino, que nos trouxe a salvação; honra e glória a ele por todos os séculos dos séculos. Amém.

ORAÇÕES AO SAGRADO CORAÇÃO DE JESUS

Dulcíssimo Coração de Jesus, eis-nos reunidos ao pé de vosso altar, a fim de testemunhar-vos os nossos sentimentos de amor, reconhecimento e dedicação. Possuídos de santa alegria, vos bendizemos e louvamos pela abundância imensa de graça, virtudes e dons que o Espírito Santo, com efusão, derramou em vós.

A vós, ó Coração sacrossanto, consagramos todos os dias deste mês e em particular o presente.

Escolhemo-vos, hoje e para sempre, como centro e rei dos nossos corações, a quem só queremos amar, honrar e servir. Ao vosso Coração entregamos todas as nossas esperanças e consolações, todas as nossas aflições, necessidades e misérias.

A vós seja entregue toda a nossa vida, e principalmente a hora da nossa morte. Fazei com que sejamos e permaneçamos sempre vossos filhos amantes e fiéis.

Também recomendamo-vos, ó Coração amoroso, a vossa Igreja, o Santo Padre ..., o nosso (arce)bispo (cardeal), todos os sacerdotes, benfeitores, amigos e inimigos, todos os aflitos e atribulados, e, enfim, as benditas almas do purgatório. Reunimos estas nossas homenagens e súplicas aos afetos de adoração e amor, de que sempre está abrasado para convosco o Coração puríssimo de vossa bendita Mãe, e que incessantemente vos tributam os anjos e santos na mansão celeste e com que vos honram e agradecem os vossos servos e servas fiéis aqui na terra.

E quantas vezes palpitar o nosso pobre coração, tantas vezes queremos renovar estes nossos oferecimentos de amor e gratidão, querendo prestar-vos assim um ato de reparação e desagravo pela frieza, indiferença e tibieza de grande parte da humanidade.

Queira vosso Coração, todo cheio de amor e bondade, lançar um olhar propício sobre as ovelhas desgarradas, os pobres pecadores. Dai-lhes luz e força para conhecerem e se erguerem do estado lastimoso do pecado. Enchei-os do santo te-mor de Deus, a fim de que, contritos e compenetrados da gravidade do pecado, se convertam e voltem à casa paterna do vosso amantíssimo Coração.

As mesmas súplicas também vos dirigimos pela conversão dos infiéis e de todos os que estão fora do vosso aprisco, a fim de que haja um só rebanho e um só Pastor.

Trindade Santíssima, ofereço-vos o Sagrado Coração de Jesus, nosso divino Salvador, com toda a abundância de graças e virtudes, de que ele é a fonte inesgotável; vo-lo apresentamos, assim como o mes-mo Coração divino se vos oferece, a cada momento, e principalmente na hora da santa missa.

Oh! Atendei, Trindade Santíssima, à voz do Coração predileto de Jesus, em que pusestes todas as vossas complacências, e tende piedade de vosso povo. Amém.

Jesus, manso e humilde de coração, *fazei o nosso coração semelhante ao vosso.*

Oração de agradecimento

Jesus, divino Mestre,
eu louvo e agradeço
o vosso Coração
porque entregastes
vossa vida por mim.
O vosso sangue, as vossas chagas,
os flagelos, os espinhos, a cruz
e a cabeça inclinada me dizem
ao coração:
"Ninguém tem maior amor
do que aquele
que dá a vida por seu amigo".
O Pastor morreu
para dar a vida às suas ovelhas.

Eu também quero dar minha vida
por vós!
Que sempre e em tudo
possais dispor de mim,
para vossa maior glória.
E que eu possa dizer sempre:
"Seja feita a vossa vontade".
Que em meu coração cresça,
cada vez mais,
o amor por vós e pelo próximo.

Reza-se o Credo.

INVOCAÇÕES AO SAGRADO CORAÇÃO DE JESUS

1. Ó meu Jesus, que dissestes "em verdade, vos digo, pedi e recebereis, procurai e achareis, batei e abrir-se-vos-á"! Eu bato, procuro e peço a graça ....
Reza-se Pai-nosso, Ave-maria, Glória ao Pai.

Sagrado Coração de Jesus, eu confio e espero em vós.

2. Ó meu Jesus, que dissestes "em verdade, vos digo, tudo quanto pedirdes a meu Pai em meu nome, ele vo-lo concederá"! É a vosso Pai e em vosso nome que peço a graça ....

Reza-se Pai-nosso, Ave-maria, Glória ao Pai.

Sagrado Coração de Jesus, eu confio e espero em vós.

3. Ó meu Jesus, que dissestes "em verdade, vos digo, passará o céu e a terra, mas minhas palavras não passarão"! Confiado na infalibilidade de vossas palavras, eu peço a graça ....

Reza-se Pai-nosso, Ave-maria, Glória ao Pai.

Sagrado Coração de Jesus, eu confio e espero em vós.

OREMOS: Ó Sagrado Coração de Jesus, a quem é impossível não ter compaixão dos infelizes, tende piedade de nós, pobres pecadores, e concedei-nos as graças que vos pedimos por meio do Imaculado

Coração de Maria, vossa e nossa terna Mãe. Amém.

Reza-se uma Salve-rainha.

* * *

Jesus, eu confio em vós.

Sagrado Coração de Jesus, aumentai a minha fé.

Sagrado Coração de Jesus, venha a nós o vosso reino.

Sagrado Coração de Jesus, creio em vosso amor para comigo.

Sagrado Coração de Jesus, fazei com que eu vos ame cada vez mais.

Doce Coração de Jesus, sede nossa salvação.

Jesus, manso e humilde de Coração, fazei o nosso coração semelhante ao vosso.

Amado seja por toda a parte o Sagrado Coração de Jesus.

Ó Maria, ao vosso Coração materno confio as minhas intenções.

Reza-se Pai-nosso, Ave-maria, Glória ao Pai.

Promessas do Sagrado Coração de Jesus a Santa Margarida Maria Alacoque

1. Eu darei todas as graças necessárias a quem honrar o meu Sagrado Coração.
2. Eu darei paz a suas famílias.
3. Eu as consolarei em todas as aflições.
4. Eu serei para elas refúgio seguro durante a vida, e sobretudo na hora da morte.
5. Eu derramarei abundantes bênçãos sobre todos os seus empreendimentos.
6. Os pecadores acharão, em meu Coração, a fonte e o oceano infinito de misericórdia.

7. As almas tíbias se tornarão fervorosas.
8. As almas fervorosas se elevarão a grande perfeição.
9. Eu abençoarei as casas onde se achar exposta e honrada a ima-gem do meu Coração.
10. Eu darei aos sacerdotes a graça de tocar os corações mais empedernidos.
11. As pessoas que propagarem esta devoção terão para sempre seu nome escrito no meu coração.
12. Darei a graça do arrependimento final e dos últimos sacramentos aos que comungarem na primeira sexta-feira de nove meses seguidos.

ANOTAÇÕES

_____

_____

_____

_____

_____

_____

_____

_____

ANOTAÇÕES

ANOTAÇÕES

ANOTAÇÕES

_____

_____

_____

_____

_____

_____

_____

ANOTAÇÕES

_____

_____

_____

_____

_____

_____

_____

_____

ANOTAÇÕES

ANOTAÇÕES

_____

_____

_____

_____

_____

_____

_____

_____

ANOTAÇÕES

_____

_____

_____

_____

_____

_____

_____

ANOTAÇÕES

ANOTAÇÕES

_____

_____

_____

_____

_____

_____

_____

_____

ANOTAÇÕES

SUMÁRIO

- 5 Introdução
- 7 NOVENA AO SAGRADO CORAÇÃO DE JESUS
- 32 Apostolado da Oração
- 34 Consagração ao Sagrado Coração de Jesus
- 36 Entronização do Sagrado Coração de Jesus nas famílias
- 40 Orações ao Sagrado Coração de Jesus
- 47 Invocações ao Sagrado Coração de Jesus
- 51 Promessas do Sagrado Coração de Jesus a Santa Margarida Maria Alacoque